James Guillaume

Idées sur l'organisation sociale

essai

ISBN : 978-1541334144

10 9 8 7 6 5 4 3 2 1

James Guillaume

Idées sur l'organisation sociale

essai

Table de Matières

I. — Avant-propos

La réalisation des idées contenues dans les pages qu'on va lire ne peut s'obtenir qu'au moyen d'un mouvement révolutionnaire.

Ce n'est pas en un jour que le flot grossit au point de rompre la digue qui le contient ; l'eau monte par degrés, lentement ; mais, une fois qu'elle a atteint le niveau voulu, la débâcle est soudaine, et la digue s'écroule en un clin d'œil.

Il y a donc deux faits successifs, dont le second est la conséquence nécessaire du premier : d'abord, la transformation lente des idées, des besoins, des moyens d'action au sein de la société ; puis, quand le moment est venu où cette transformation est assez avancée pour passer dans les faits d'une manière complète, il y a la crise brusque et décisive, la révolution, qui n'est que le dénouement d'une longue évolution, la manifestation subite d'un changement dès longtemps préparé et devenu inévitable.

Il ne viendra à l'esprit d'aucun homme sérieux d'indiquer à l'avance les voies et moyens par lesquels doit s'accomplir la révolution, prologue indispensable de la rénovation sociale. Une Révolution est un fait naturel, et non l'acte d'une ou de plusieurs volontés individuelles : elle ne s'opère pas en vertu d'un plan préconçu, elle se produit sous l'impulsion incontrôlable de nécessités auxquelles nul ne peut commander.

Qu'on n'attende donc pas de nous l'indication d'un plan de campagne révolutionnaire ; nous laissons cet enfantillage a ceux qui croient encore à la possibilité et à l'efficacité d'une dictature personnelle pour accomplir l'œuvre de l'émancipation humaine.

Nous nous bornerons à dire brièvement quel est le caractère que nous désirons voir prendre à la révolution, pour éviter qu'elle ne retombe dans les errements du passé. Ce caractère doit être avant tout négatif, destructif. Il ne s'agit pas d'améliorer certaines institutions du passé pour les adapter à une société nouvelle, mais de les supprimer. Ainsi, suppression radicale du gouvernement, de l'armée, des tribunaux, de l'Église, de l'école, de la banque et de tout ce qui s'y rattache.

En même temps, la Révolution a un côté positif : c'est la prise de possession des instruments de travail et de tout le capital des travailleurs.

Nous devons expliquer comment nous entendons cette prise de possession.

Parlons d'abord de la terre et des paysans.

Dans plusieurs pays, mais particulièrement en France, les bourgeois et les prêtres ont cherché à tromper et à effrayer les paysans, en leur disant que la Révolution voulait leur prendre leurs terres.

C'est là un indigne mensonge des ennemis du peuple. La Révolution veut faire tout le contraire : elle veut prendre les terres des bourgeois, des nobles et des prêtres, pour les donner à ceux des paysans qui n'en ont pas.

Si une terre appartient à un paysan, et que ce paysan la cultive lui-même, la Révolution n'y touchera pas. Au contraire, elle en garantira la libre possession, et l'affranchira de toutes les charges qui pesaient sur elle. Cette terre qui payait l'impôt au fisc, et qui était grevée de lourdes hypothèques, la Révolution l'émancipera comme elle émancipe le travailleur : plus d'impôts, plus d'hypothèques ; la terre est redevenue libre comme l'homme.

Quant aux terres des bourgeois, des nobles, du clergé, aux terres que le pauvre peuple des campagnes a cultivées jusqu'à ce jour pour ses maîtres, celles-là, la Révolution les reprend à ceux qui les avaient volées, elle les rend à leurs propriétaires légitimes, à ceux qui les cultivent.

Comment la Révolution fera-t-elle pour enlever la terre à la bourgeoisie, aux exploiteurs, et pour la donner aux paysans ?

Jusqu'à présent, quand les bourgeois faisaient une Révolution politique, quand ils exécutaient un de ces mouvements dont le résultat était seulement un changement de maîtres pour le peuple, ils avaient l'habitude de publier des décrets, annonçaient au pays la volonté du nouveau gouvernement ; le décret était affiché dans les communes, et le préfet, les tribunaux, le maire, les gendarmes le faisaient exécuter.

La Révolution vraiment populaire ne suivra pas cet exemple ; elle ne rédigera pas de décrets, elle ne réclamera pas les services de la police et de l'administration gouvernementale. Ce n'est pas avec des décrets, avec des paroles écrites sur du papier, qu'elle veut émanciper le peuple, mais avec des actes.

II. — Les paysans

Nous examinerons, dans ce chapitre, la manière dont doivent s'organiser les paysans pour tirer le plus de profit possible de leur instrument de travail, la terre.

Au lendemain de la Révolution, voici dans quelle position se trouveront les paysans : les uns, qui étaient déjà petits propriétaires, conservent le morceau de terrain qu'ils cultivaient et qu'ils continuent à cultiver seuls avec leur famille. D'autres, et c'est le plus grand nombre, qui étaient fermiers d'un grand propriétaire, ou simples manœuvres à la solde d'un fermier, se sont emparés en commun d'une vaste étendue de terrain, et doivent la cultiver en commun.

Lequel de ces deux systèmes est le meilleur ?

Il ne s'agit pas ici de faire de la théorie, mais de prendre pour point de départ les faits, et de rechercher ce qui est immédiatement réalisable.

Nous plaçant à ce point de vue, nous disons d'abord que la chose essentielle, celle pour laquelle la Révolution a été faite, est accomplie : la terre est devenue la propriété de celui qui la cultive, le paysan ne travaille plus au profit d'un exploiteur qui vit de ses sueurs.

Cette grande conquête obtenue, le reste est d'ordre secondaire ; les paysans peuvent, si c'est leur volonté, partager le terrain en lots individuels et attribuer à chaque travailleur un lot ; ou bien au contraire mettre le terrain en commun et s'associer pour le cultiver. Cependant, quoique secondaire par rapport au fait essentiel, à l'émancipation du paysan, cette question de la meilleure forme à adopter pour la culture et pour la possession du sol mérite aussi d'être examinée avec attention.

Dans une région qui aura été peuplée, avant la Révolution, de paysans petits propriétaires ; où la nature du sol sera peu propice à des cultures étendues ; où l'agriculture en est encore restée aux procédés de l'âge patriarcal, où l'emploi des machines est inconnu ou peu répandu — dans une région semblable, il sera naturel que les paysans conservent la forme de propriété à laquelle ils sont habitués. Chacun d'eux continuera à cultiver son terrain comme par le passé, avec cette seule différence, que ses valets d'autrefois (s'il en avait) seront devenus ses associés et partageront avec lui les fruits que leur travail commun aura fait produire à la terre.

Toutefois il est probable qu'au bout de peu de temps, ces paysans restés propriétaires individuels trouveront avantageux pour eux de modifier leur système traditionnel de travail. Ils se seront d'abord associés pour créer une agence communale chargée de la vente ou de l'échange de leurs produits : puis cette première association les conduira à tenter d'autres pas dans cette même voie. Ils feront en commun l'acquisition de diverses machines destinées à faciliter leur travail ; ils se prêteront une aide réciproque pour l'exécution de certaines corvées qui se font mieux quand elles sont enlevées rapidement par un grand nombre de bras ; et ils finiront sans doute par imiter leurs frères, les travailleurs de l'industrie et ceux des grandes cultures, en se décidant à mettre leurs terres en commun et à former une association agricole. Mais s'ils s'attardent quelques années dans l'ancienne routine, si même l'espace d'une génération entière devait s'écouler, dans certaines communes, avant que les paysans y prissent le parti d'adopter la forme de la propriété collective, il n'y aurait pas à ce retard d'inconvénient grave ; le prolétariat des campagnes n'aurait-il pas disparu, et au sein même de ces communes restées en arrière, y aurait-il autre chose qu'une population de travailleurs libres, vivant dans l'abondance et la paix ?

Par contre, là où de grands domaines, de vastes cultures occupent un nombre considérable de travailleurs, dont les efforts réunis et combinés sont nécessaires à la mise en œuvre du sol, la propriété collective s'impose d'elle-même. On verra le territoire de toute une commune, quelquefois même celui de plusieurs communes, ne former qu'une exploitation agricole, où seront appliqués les procédés de la grande culture. Dans ces vastes communautés de travailleurs des champs, on ne s'efforcera pas, comme le fait aujourd'hui le petit paysan sur son lopin de terre, d'obtenir du même terrain une foule de produits différents : on ne verra pas, côte à côte dans un enclos d'un hectare de superficie, un petit carré de blé, un petit carré de pommes de terre, un autre de vigne, un autre de fourrage, un autre d'arbres fruitiers, etc. Chaque sol est, par sa configuration extérieure, par son exposition, par sa composition chimique, approprié plus spécialement à une espèce de produits : on ne sèmera donc pas du blé sur le terrain propre à la vigne, on ne cherchera pas à obtenir des pommes de terre sur un sol qui serait mieux utilisé comme pâturage. La communauté agricole, si elle ne dispose que d'une seule nature de terrain, ne se livrera qu'à la culture d'une seule espèce de produits, sachant que la culture en grand donne, avec moins de travail, des résultats beaucoup plus considérables, et préférant se procurer par l'échange les produits qui lui manquent, plutôt que de ne les obtenir qu'en petite quantité et en mauvaise qualité sur un terrain qui ne leur serait pas propice.

L'organisation intérieure d'une communauté agricole ne sera nécessairement pas partout la même : une assez grande variété pourra se produire suivant les préférences des travailleurs associés ; ils n'auront, pourvu qu'ils se conforment aux principes d'égalité et de justice, à consulter sur ce point que leurs convenances et leur utilité.

La gérance de la communauté, élue par tous les associés, pourra être confiée soit à un seul individu, soit à une commission de plusieurs membres ; il sera même possible de séparer les diverses fonctions administratives, et de remettre chacune d'elles à une commission spéciale. La durée de la journée de travail sera fixée non par une loi générale appliquée à tout le pays, mais par une décision de la communauté elle-même ; seulement, comme la communauté sera en relations avec tous les travailleurs agricoles de la région, il faut admettre comme probable qu'une entente se sera effectuée entre tous les travailleurs pour l'adoption d'une base uniforme sur ce point. Les produits du travail appartiennent à la communauté et chaque associé reçoit d'elle, soit en nature (subsistances, vêtements, etc.), soit en monnaie d'échange, la rémunération du travail accompli par lui. Dans quelques associations, cette rémunération sera proportionnelle à la durée du travail et de la nature des fonctions remplies ; d'autres systèmes encore pourront être essayés et pratiqués.

Cette question de la répartition devient tout à fait secondaire, dès que celle de la propriété a été résolue et qu'il n'existe plus de capitalistes opérant un prélèvement sur le travail des masses. Toutefois nous pensons que le principe dont il faut chercher à se rapprocher autant que possible est celui-ci : De chacun suivant ses forces, à chacun suivant ses besoins. Une fois que, grâce aux procédés mécaniques et aux progrès de la science industrielle et agricole, la production se sera accrue de telle sorte qu'elle dépassera de beaucoup les besoins de la société — et ce résultat sera obtenu dans un espace de quelques années après la Révolution —, une fois qu'on en sera là, disons-nous, on ne mesurera plus d'une main scrupuleuse la part qui revient à chaque travailleur : chacun pourra puiser dans l'abondante réserve sociale, selon toute l'étendue de ses besoins, sans craindre de jamais l'épuiser ; et le sentiment moral qui se sera développé chez des travailleurs libres et égaux préviendra l'abus et le gaspillage. En attendant, c'est à chaque communauté à déterminer elle-même, pendant la période de transition, la méthode qu'elle croit la plus convenable pour répartir le produit du travail entre ses associés.

III. — Les travailleurs industriels

Chez les travailleurs de l'industrie, il faut, comme chez les paysans, distinguer plusieurs catégories

Il y a d'abord les métiers dans lesquels l'outillage est presque insignifiant, où la division du travail n'existe pas ou n'existe qu'à peine, et où par conséquent le travailleur isolé peut produire aussi bien que s'il travaillait en association. Telles sont, par exemple, les professions de tailleur, de cordonnier,[1] etc.

Puis viennent les métiers qui nécessitent la coopération de plusieurs travailleurs, l'emploi de ce qu'on appelle la force collective, et qui s'exercent généralement dans un atelier ou un chantier ; exemple : les typographes, les menuisiers, les maçons.

Enfin il est une troisième catégorie d'industrie, où la division du travail est poussée beaucoup plus loin, où la production se fait sur

---

1 Il faut remarquer toutefois que, même dans ces professions-là, le mode de production de la grande industrie peut être appliqué et produire une économie de temps et de travail. Ce que nous en disons ne s'applique donc qu'à une période transitoire.

une échelle gigantesque et exige l'emploi de puissantes machines et la possession d'un capital considérable. Telles sont les filatures, les usines métallurgiques, les houillères, etc.

Pour les travailleurs appartenant aux industries de la première catégorie, le travail collectif n'est pas une nécessité ; et il arrivera sans doute que, dans un grand nombre de cas, le tailleur ou le savetier préférera continuer à travailler seul dans sa petite échoppe. C'est là une chose toute naturelle, d'autant plus que dans les petites communes, il n'y aura peut-être qu'un seul travailleur appartenant à chacun de ces métiers. Toutefois et sans vouloir gêner en rien l'indépendance individuelle, nous pensons que, là où la chose est praticable, le travail en commun est le meilleur : dans la société de ses égaux, l'émulation stimule le travailleur ; il produit davantage, et fait son ouvrage de meilleur cœur ; en outre, le travail en commun permet un contrôle plus utile de chacun sur tous et de tous sur chacun.

Quant aux travailleurs des deux autres catégories, il est évident que l'association leur est imposée par la nature même de leur travail ; et que leurs instruments de travail n'étant plus de simples outils d'un usage exclusivement personnel, mais des machines ou des outils dont l'emploi exige le concours de plusieurs ouvriers, la propriété de cet outillage ne peut être que collective.

Chaque atelier, chaque fabrique formera donc une association de travailleurs, qui restera libre de s'administrer de la façon qu'il lui plaira pourvu que les droits de chacun soient sauvegardés et que les principes d'égalité et de justice soient mis en pratique. Au chapitre précédent, en parlant des associations ou communautés de travailleurs agricoles, nous avons présenté, à propos de la gérance, de la durée de la journée de travail, et de la répartition des produits, des observations qui naturellement s'appliquent aussi aux travailleurs de l'industrie et, que par conséquent nous n'avons pas besoin de répéter. Nous venons de dire que, partout où il s'agit d'une industrie exigeant un outillage un peu compliqué et le travail en commun, la propriété des instruments de travail devait être commune. Mais un point reste à déterminer : cette propriété commune appartiendra-t-elle exclusivement à l'atelier dans lequel elle fonctionne, ou bien sera-t-elle la propriété de toute la corporation des travailleurs de telle ou telle industrie ?

James Guillaume

Notre opinion est que c'est la seconde de ces solutions qui est la bonne. Lorsque, par exemple, le jour de la Révolution, les ouvriers typographes de la ville de Rome auront pris possession de toutes les imprimeries de cette cité, ils devront immédiatement se réunir en assemblée générale, pour y déclarer que l'ensemble des imprimeries de Rome constitue la propriété commune de tous les typographes romains. Puis, dès que la chose sera possible, ils devront faire un pas de plus, et se solidariser avec les typographes des autres villes d'Italie : le résultat de ce pacte de solidarité sera la constitution de tous les établissements typographiques d'Italie comme propriété collective de la fédération des typographes italiens. Au moyen de cette mise en commun, les typographes de toute l'Italie pourront aller travailler dans l'une ou l'autre des villes de leur pays, et y trouver partout des instruments de travail dont ils auront le droit de se servir.

Mais si la propriété des instruments de travail doit, selon nous, être remise à la corporation, nous ne voulons pas dire par là qu'il y aura, au-dessus des groupes de travailleurs formant les ateliers, une sorte de gouvernement industriel qui ait le pouvoir de disposer à son gré des instruments de travail. Non : les travailleurs des divers ateliers ne font pas le moins du monde l'abandon de l'instrument de travail qu'ils ont conquis entre les mains d'une puissance supérieure qui s'appellerait la corporation. Ce qu'ils font, c'est ceci : ils se garantissent réciproquement, sous certaines conditions, la jouissance de l'instrument de travail dont ils ont acquis la possession, et, en accordant à leurs collègues des autres ateliers la coparticipation à cette puissance, ils obtiennent en échange d'être à leur tour coparticipants à la propriété des instruments de travail détenus par ces collègues avec lesquels ils ont conclu le pacte de solidarité.

IV. — La commune

La commune est formée de l'ensemble des travailleurs habitant une même localité. Prenant pour type la commune telle qu'elle se présente dans la très grande majorité des cas, et négligeant les exceptions, nous définirons la commune : la fédération locale des groupes de producteurs,

Cette fédération locale ou commune est constituée dans le but de pourvoir à certains services qui ne sont pas du domaine exclusif de telle ou telle corporation, mais qui les intéressent toutes, et que pour cette raison on appelle services publics.

Les services publics communaux peuvent être résumés dans l'énumération suivante :

a) Travaux publics

Toutes les maisons sont la propriété de la commune.

La Révolution faite, chacun continue à habiter provisoirement le logement qu'il occupait, à l'exception des familles qui étaient réduites à des habitations malsaines ou trop insuffisantes, et qui seront immédiatement logées, par les soins de la commune, dans les appartements vacants des maisons appartenant précédemment aux riches.

La construction des maisons nouvelles, contenant des logements sains, spacieux et commodes, pour remplacer les misérables taudis des anciens quartiers populaires, sera un des premiers besoins de la société affranchie. La commune s'en occupera immédiatement ; et de la sorte elle pourra non seulement fournir du travail aux corporations des maçons, charpentiers, serruriers, couvreurs, etc., mais encore il lui sera facile d'occuper d'une manière utile cette foule de gens qui, vivant dans l'oisiveté avant la Révolution, ne savent aucun métier ; ils pourront être employés comme manœuvres dans les immenses travaux de construction et de terrassement qui seront alors entrepris sur tous les points de la région affranchie, et spécialement dans les villes.

Les logements nouveaux seront construits aux frais de tous — ce qui signifie qu'en échange du travail fourni par les diverses corporations du bâtiment, celles- ci recevront de la commune les bons d'échange nécessaires pour qu'elles puissent subvenir largement à l'entretien de tous leurs membres. Et puisque les logements auront été construits aux frais de tous, ils devront être à la disposition de tous — c'est-à-dire que la jouissance en sera gratuite, et que personne n'aura à payer à la commune une redevance, un loyer, en échange de l'appartement qu'il occupera.

Les logements étant gratuits, il semble qu'il en pourra résulter de graves discordes, parce que personne ne voudra garder un mauvais logement, et que chacun se disputera les meilleurs. Mais nous pensons qu'on aurait tort de craindre qu'il se produise, de ce chef des inconvénients graves, et voici nos raisons. D'abord, nous devons dire que ne pas vouloir habiter un mauvais logement et en désirer un meilleur est un désir assurément fort légitime ; et c'est justement ce désir, qu'on verra se produire avec beaucoup, de force, qui nous donne l'assurance que partout on travaillera avec énergie et activité à le satisfaire, en bâtissant des maisons nouvelles. Mais en attendant qu'elles soient bâties, il faudra bien prendre patience et se contenter de ce qui existe ; la commune aura eu soin, comme nous l'avons dit, de remédier aux besoins les plus pressants en logeant les familles les plus pauvres dans les vastes palais des riches ; et quant au reste de la population, nous croyons qu'il se sera développé en elle, par l'enthousiasme révolutionnaire, un sentiment de générosité et d'abnégation, qui fera que chacun sera heureux de supporter, pendant quelque temps encore, les inconvénients d'une habitation incommode, et qu'il viendra à l'idée de personne de chercher querelle à un voisin qui, plus favorisé, aura provisoirement un appartement plus agréable,

Au bout de peu de temps, grâce à l'activité avec laquelle travailleront les constructeurs, puissamment stimulés par la demande générale, les logements seront devenus si abondants, que toutes les demandes pourront être satisfaites : chacun n'aura plus qu'à choisir, avec la certitude de trouver une habitation à sa convenance.

Ce que nous disons-là n'a rien de chimérique, quelque merveilleux que cela puisse paraître à ceux dont le regard n'a jamais dépassé l'horizon de la société bourgeoise : c'est au contraire ce qu'il y a de plus simple et de plus naturel, si naturel qu'il serait impossible que les choses se passassent autrement. En effet, à quoi veut-on que s'occupent les légions de maçons et d'autres travailleurs du bâtiment, sinon à construire incessamment des logements commodes et vraiment dignes d'être habités par les membres d'une société civilisée ? Leur faudra-t-il en construire pendant beaucoup d'années, pour que chaque famille ait le sien ? Non, ce sera l'œuvre de peu de temps. Et quand ils auront fini, se croiseront-ils les bras ? Non, sans doute ; ils continueront à travailler ; ils amélioreront, ils perfectionneront ce qui existe, et peu à peu on verra disparaître entièrement les quartiers sombres, les rues étroites, les maisons incommodes de nos villes actuelles : à leur place s'élèveront des palais, où habiteront les travailleurs redevenus hommes.

b) Échange

Dans la société nouvelle, il n'y aura plus de commerce, dans le sens qui est attaché aujourd'hui à ce mot.

Chaque commune établira un comptoir d'échange, dont nous allons expliquer le plus clairement possible le mécanisme.

Les associations de travailleurs, ainsi que les producteurs individuels (dans les branches où la production individuelle pourra continuer), déposeront leurs produits au comptoir d'échange. La valeur de ces divers produits aura été fixée d'avance par une convention entre les fédérations corporatives régionales et les différentes communes, au moyen des données que fournira la statistique. Le comptoir d'échange remettra aux producteurs des bons d'échange représentant la valeur de leurs produits ; ces bons d'échange seront admis à circuler dans toute l'étendue du territoire de la Fédération des communes.

Parmi les produits ainsi déposés au comptoir d'échange, les uns sont destinés à être consommés dans la commune même, et les autres à être exportés dans d'autres communes, et par conséquent échangés contre d'autres produits.

Les premiers de ces produits seront transportés dans les différents bazars communaux, pour l'établissement desquels on aura pu utiliser provisoirement les locaux les plus commodes parmi les boutiques et magasins des anciens marchands. De ces bazars, les uns seront consacrés aux produits alimentaires, d'autres aux vêtements, d'autres aux ustensiles de ménage, etc.

Les produits destinés à l'exportation resteront dans des magasins généraux, jusqu'à ce que le moment soit venu de les diriger sur les communes qui en auront besoin.

Prévenons ici une objection. On nous dira peut-être : le comptoir d'échange de chaque commune remet aux producteurs, au moyen de bons d'échange, un signe représentatif de la valeur de leurs produits, et cela avant d'être assuré de l'écoulement de ces mêmes produits. Si les produits venaient à ne pas s'écouler, dans quelle position se trouverait le comptoir d'échange ? Ne risque-t-il pas de faire des pertes, et le genre d'opération dont on le charge n'est-il pas très aléatoire ?

A cela, nous répondrons que chaque comptoir d'échange est sûr d'avance de l'écoulement des produits qu'il reçoit, en sorte qu'il ne peut y avoir aucun inconvénient à ce qu'il en remette aussitôt la valeur aux producteurs par des bons d'échange.

Il y aura certaines catégories de travailleurs auxquels il sera matériellement impossible d'apporter leurs produits au comptoir d'échange : tels sont, par exemple, les constructeurs de bâtiments. Mais le comptoir d'échange ne leur servira pas moins d'intermédiaire : ils y feront enregistrer les divers travaux qu'ils auront exécutés, et dont la valeur aura toujours été convenue d'avance ; et le comptoir leur délivrera cette valeur en bons d'échange. Il en sera de même des divers travailleurs employés pour les services administratifs de la commune ; leur travail consiste, non en produits fabriqués, mais en services rendus ; ces services auront été tarifés d'avance, et le comptoir d'échange leur en paiera la valeur.

Le comptoir d'échange n'a pas seulement pour fonction de recevoir les produits que lui apportent les travailleurs de la commune ; il correspond avec les autres communes, et il fait venir les produits que la commune est obligée de tirer du dehors, soit pour contribuer à son alimentation, soir comme matières premières, combustibles, produits manufacturés, etc.

Ces produits tirés du dehors figurent dans les bazars communaux, à côté des produits de la localité.

Les consommateurs se présentent dans ces divers bazars, munis de leurs bons d'échange, qui peuvent être divisés en coupures de différentes valeurs ; et ils se procurent là, sur les bases d'un tarif uniforme, tous les objets de consommation dont ils auront besoin.

Jusqu'à présent, l'exposé que nous avons fait des opérations du comptoir d'échange n'a rien qui diffère d'une manière essentielle des usages du commerce actuel : ces opérations, en effet, ne sont autres que celles de la vente et de l'achat ; le comptoir achète aux producteurs leurs produits, et vend aux consommateurs les objets de consommation. Mais nous pensons qu'au bout d'un certain temps, la pratique des comptoirs d'échange pourra sans inconvénient être modifiée, et qu'un système nouveau se substituera peu à peu au système ancien : l'échange proprement dit disparaîtra et fera place à la distribution pure et simple.

Voilà ce que nous entendons par là :

Aussi longtemps qu'un produit est peu abondant, et ne se trouve dans les magasins communaux qu'en quantités plus petites que celles que la population pourrait consommer, on est obligé d'apporter dans la répartition de ce produit une certaine mesure ; et la manière la plus facile d'opérer ce rationnement des consommateurs, c'est de leur vendre le produit, c'est-à-dire de n'en livrer qu'à ceux qui donneront en échange une certaine valeur. Mais une fois que, grâce au développement prodigieux de la production qui ne manquera pas d'avoir lieu dès que le travail sera organisé sur des bases rationnelles — une fois, disons-nous, que grâce à ce développement, telle ou telle catégorie de produits en dépassera de beaucoup tout ce que pourrait consommer la population, alors il ne sera plus nécessaire de rationner les consommateurs ; on pourra supprimer l'opération de la vente, qui était une sorte de frein opposé à une consommation immodérée ; les comptoirs communaux ne vendront plus les produits aux consommateurs, ils les leur distribueront à proportion des besoins que ceux-ci déclareront éprouver.

Cette substitution de la distribution à l'échange pourra avoir lieu au bout de peu de temps pour tous les objets de première nécessité ; car ce sera surtout vers une production abondante de ces objets que seront dirigés les premiers efforts des associations de producteurs. Bientôt d'autres objets, qui aujourd'hui encore sont rares et coûteux, et sont par conséquent regardés comme des objets de luxe, pourront à leur tour être produits sur une grande échelle, et entrer ainsi dans le domaine de la distribution, c'est-à-dire de la consommation universelle. Par contre d'autres objets, mais en petit nombre et de peu d'importance (par exemple les perles, diamants, certains métaux), ne pourront jamais devenir abondants, parce que la nature elle-même en a limité la quantité ; mais comme on aura cessé d'y attacher le prix que l'opinion leur attribue aujourd'hui, ils ne seront plus guère recherchés que par les associations scientifiques qui voudront les placer dans des musées

James Guillaume

d'histoire naturelle ou les utiliser pour la confection de certains instruments.

c) Alimentation

Le service de l'alimentation ne forme en quelque sorte qu'une annexe de celui de l'échange. En effet, ce que nous venons de dire de l'organisation du comptoir d'échange s'applique à tous les produits, y compris les produits spécialement destinés à l'alimentation. Cependant, nous croyons utile d'ajouter, dans un paragraphe spécial, quelques explications plus détaillées sur les dispositions à prendre pour la répartition des principaux produits alimentaires.

Aujourd'hui la boulangerie, la boucherie, le commerce des vins, des denrées coloniales sont abandonnés à l'industrie privée, et à la spéculation, qui, par des fraudes de tout genre, cherchent à s'enrichir aux dépens du consommateur, La société nouvelle devra immédiatement porter remède à un pareil état de choses : ce remède consistera à ériger en service public communal tout ce qui concerne la distribution des produits alimentaires de première nécessité,

Qu'on le remarque bien : ceci ne veut pas dire que la commune s'empare de certaines branches de la production. Non : la production proprement dite reste entre les mains des associations de producteurs. Mais pour le pain, par exemple, en quoi consiste la production ? uniquement dans la culture du blé. Le laboureur sème et récolte le grain, et l'apporte au comptoir d'échange : là s'arrête la fonction du producteur. Réduire ce grain en farine, transformer cette farine en pain, ce n'est plus de la production : c'est un travail analogue à celui que remplissent les divers employés des bazars communaux, un travail destiné à mettre un produit alimentaire, le blé, à la portée des consommateurs. De même pour la viande, etc.

On le voit donc : au point de vue du principe, rien de plus logique que de faire rentrer la boulangerie, la boucherie, la distribution des vins, etc. dans les attributions de la commune.

En conséquence, le blé, une fois entré dans les magasins de la commune, sera réduit en farine dans un moulin communal (il va sans dire que plusieurs communes pourront avoir le même moulin) ; la farine sera transformée en pain dans les boulangeries communales, et le pain sera livré par la commune

IV. — La commune

aux consommateurs. Il en sera de même de la viande : les bestiaux seront abattus dans les abattoirs communaux, et dépecés dans les boucheries communales. Les vins seront conservés dans les caves communales, et distribués aux consommateurs par des employés spéciaux. Enfin, les autres denrées alimentaires seront, suivant la consommation plus ou moins immédiate qui doit en être faite, conservées dans les magasins de la commune, ou bien exposées aux halles, où les consommateurs viendront les chercher.

C'est surtout pour cette catégorie de produits, pain, viande, vin, etc., que les efforts devront tendre à substituer au plus vite au régime de l'échange celui de la distribution. Une fois qu'une alimentation abondante sera assurée à tous, les progrès des sciences, des arts industriels, et de la civilisation en général, marcheront à pas de géant.

d) Statistique

La commission communale de statistique aura pour tâche de réunir tous les renseignements statistiques de la commune.

Les diverses corporations ou associations de production la tiendront constamment au courant du nombre de leurs membres et des changements qui s'opèrent dans leur personnel, en sorte qu'il sera possible de connaître à tous les instants le nombre de bras employés dans les diverses branches de la production.

Par l'intermédiaire du comptoir d'échange, la commission de statistique obtiendra les données les plus complètes sur le chiffre de la production et sur celui de la consommation.

Ce sera au moyen des faits statistiques recueillis de la sorte dans toutes les communes d'une région, qu'il sera possible d'équilibrer scientifiquement la production et la consommation ; en obéissant à ces indications, on pourra accroître le nombre de bras dans les branches où la production est insuffisante, et le diminuer dans celles où la production est surabondante. La statistique permettra aussi de fixer la durée moyenne de la journée de travail, nécessaire pour obtenir la somme de produits que réclament les besoins de la société. Ce sera par elle également qu'on arrivera à pouvoir déterminer, non certes d'une manière absolue, mais avec une exactitude suffisante pour la pratique, la valeur relative des divers produits, qui servira de base aux tarifs des comptoirs d'échange.

James Guillaume

Mais ce n'est pas tout ; la commission de statistique aura encore à remplir les fonctions attribuées aujourd'hui à l'état civil : elle enregistrera les naissances et les décès. Nous n'ajoutons pas : les mariages, parce que, dans une société libre, l'union volontaire de l'homme et de la femme ne sera plus un acte officiel, mais un acte purement privé, qui n'aura besoin d'aucune sanction publique.

Bien d'autres choses encore sont du ressort de la statistique : les maladies, les observations météorologiques, tous les faits enfin qui, se produisant d'une façon régulière, peuvent être enregistrés et comptés, et du groupement numérique desquels peut sortir quelque enseignement, parfois même quelque loi scientifique.

e) Hygiène

Sous le nom général d'hygiène nous avons rassemblé divers services publics dont le bon fonctionnement est indispensable au maintien de la santé commune.

Au premier rang il faut placer naturellement le service médical, qui sera mis gratuitement par la commune à la portée de tous ses ressortissants. Les médecins ne seront plus des industriels cherchant à tirer le plus gros profit possible de leurs malades ; ce seront des employés de la commune, rétribués par elle, et qui doivent accorder leurs soins à tous ceux qui les réclament.

Mais le service médical ne nous présente que le côté curatif de cette branche de l'activité et du savoir humain qui s'occupe de la santé ; et ce n'est pas assez que de guérir les maladies, il faut encore les prévenir. C'est là la fonction de l'hygiène proprement dite.

On pourrait citer encore plusieurs autres choses qui devront attirer l'attention et occuper les soins de la commission d'hygiène ; mais le peu que nous venons de dire a déjà dû suffire pour donner une idée de la nature de ses fonctions et de leur importance.

f) Sécurité

Ce service comprend les mesures nécessaires pour garantir à tous les habitants de la commune, la sécurité de leur personne ainsi que pour protéger les bâtiments, les produits, etc., contre toute déprédation et tout accident.

Il n'est pas probable que dans une société où chacun pourra vivre en pleine liberté du fruit de son travail, et trouvera tous ses besoins abondamment satisfaits, des cas de vol et de brigandage puissent encore se présenter. Le bien-être matériel, ainsi que le développement intellectuel et moral qui résultera de l'instruction vraiment humaine donnée à tous, rendront en outre beaucoup plus rares les crimes qui sont la suite de la débauche, de la colère, de la brutalité, ou d'autres vices.

Néanmoins il ne sera pas inutile de prendre des précautions pour la sécurité des personnes. Ce service, qu'on pourrait appeler, si ce terme n'avait pas une signification trop équivoque, la police de la commune, ne sera pas confié, comme aujourd'hui, à un corps spécial : tous les habitants seront appelés à y prendre part et à veiller à tour de rôle dans les divers postes de sûreté que la commune aura institués.

On se demandera sans doute, à ce propos, comment sera traité, dans la société égalitaire, celui qui se sera rendu coupable d'un meurtre ou d'autres violences. Évidemment on ne pourra pas, sous prétexte de respect des droits de l'individu et de négation de l'autorité, laisser courir tranquillement un meurtrier ou attendre que quelque ami de la victime lui applique la loi du talion. Il faudra le priver de sa liberté, et le garder dans une maison spéciale, jusqu'à ce qu'il puisse, sans danger, être rendu à la société. Comment devra-t-il être traité durant sa captivité ? et d'après quels principes en déterminera-t-on la durée ? Ce sont là des questions délicates, sur lesquelles les opinions sont encore divisées. Il faudra s'en remettre à l'expérience pour leur solution ; mais nous savons dès à présent que, grâce à la transformation que l'éducation opérera dans les caractères, les crimes seront devenus très rares : les criminels n'étant plus qu'une exception, seront considérés comme des malades et des insensés ; la question du crime, qui occupe aujourd'hui tant de juges, d'avocats et de geôliers, perdra son importance sociale, et deviendra un simple chapitre de la philosophie médicale.

g) L'enfant n'est la propriété de personne

Le premier point à considérer, c'est la question de l'entretien des enfants. Aujourd'hui, ce sont les parents qui sont chargés de pourvoir à la nourriture de leurs enfants, ainsi qu'à leur instruction : cet usage est la conséquence d'un principe faux, qui fait considérer l'enfant comme la propriété de ses parents. L'enfant n'est la propriété de personne, il s'appartient à lui-même ; et pendant la période dans laquelle il est encore incapable de se protéger lui-même, et où par conséquent il peut être exposé à l'exploitation, c'est à la société à le protéger et à lui assurer la garantie de son entretien : en subvenant à sa consommation et aux diverses dépenses que nécessitera son éducation, la société ne fait qu'une avance, que l'enfant lui remboursera par son travail lorsqu'il sera devenu un producteur.

Ainsi, c'est la société, et non les parents, qui doit se charger de l'entretien de l'enfant. Ce principe général posé, nous croyons devoir nous abstenir de fixer d'une manière précise et détaillée la forme en laquelle il doit être appliqué : nous risquerions de tomber dans l'utopie ; il faudra laisser agir la liberté, et attendre les leçons de l'expérience. Disons seulement que vis-à-vis de l'enfant, la société est représentée par la commune et que chaque commune aura à déterminer l'organisation qu'elle jugera la meilleure pour l'entretien de ses enfants : ici on préférera la vie en commun, là on laissera les enfants à leur mère au moins jusqu'à un certain âge, etc.

Mais ce n'est là qu'un côté de la question. La commune nourrit, habille, loge les enfants : qui les instruira, qui en fera des hommes et des producteurs ? et selon quel plan leur éducation sera-t-elle dirigée ?

À ces questions, nous répondrons : l'éducation des enfants doit être intégrale, c'est-à-dire qu'elle doit développer à la fois toutes les facultés du corps et toutes les facultés de l'esprit, de manière à faire de l'enfant un homme complet. Cette éducation ne doit pas être confiée à une caste spéciale d'instituteurs ; tous ceux qui connaissent une science, un art, un métier, peuvent et doivent être appelés à l'enseigner.

On distinguera dans l'éducation deux degrés : l'un où l'enfant de cinq à douze ans n'a pas encore atteint l'âge d'étudier les sciences, et où il s'agit essentiellement de développer ses facultés physiques ; et un second degré où l'enfant, de douze à seize ans doit être initié aux diverses branches du savoir humain, en même temps qu'il apprend la pratique d'une ou plusieurs branches de production.

Dans le premier degré, comme nous l'avons dit, il s'agit essentiellement de développer les facultés physiques, de fortifier le corps, d'exercer les sens. Aujourd'hui, on s'en remet au hasard du

IV. — La commune

soin d'exercer la vue, de former l'oreille, de développer l'habileté de la main ; une éducation rationnelle s'appliquera au contraire, par des exercices spéciaux, à donner à l'œil et à l'oreille toute la puissance dont ils sont susceptibles ; et quant aux mains, on se gardera bien d'habituer les enfants à se servir exclusivement de la droite : on cherchera à les rendre aussi habiles d'une main que de l'autre.

En même temps que les sens s'exerceront, et que la vigueur corporelle s'accroîtra par une intelligente gymnastique, la culture de l'esprit commencera, mais d'une façon toute spontanée : un certain nombre de faits scientifiques s'accumuleront d'eux-mêmes dans le cerveau de l'enfant.

L'observation individuelle, l'expérience, les conversations des enfants entre eux, ou avec les personnes chargées de diriger leur enseignement, seront les seules leçons qu'ils recevront dans cette période.

Plus d'école arbitrairement gouvernée par un pédagogue, et dans laquelle les élèves tremblants soupirent après la liberté et les jeux du dehors. Dans leurs réunions, les enfants seront complètement libres : ils organiseront eux-mêmes leurs jeux, leurs conférences, établiront un bureau pour diriger leurs travaux, des arbitres pour juger leurs différends, etc. Ils s'habitueront ainsi à la vie publique, à la responsabilité, à la mutualité ; le professeur qu'ils auront librement choisi pour leur donner un enseignement ne sera plus pour eux un tyran détesté, mais un ami qu'ils écouteront avec plaisir.

Dans le second degré, les enfants, parvenus à l'âge de douze ou treize ans, étudieront successivement dans un ordre méthodique les principales branches des connaissances humaines. L'enseignement ne sera pas remis entre les mains d'hommes qui en feront leur occupation exclusive : les professeurs de telle ou telle science seront en même temps des producteurs, qui occuperont une partie de leur temps au travail manuel ; et chaque branche comptera non pas un, mais un aussi grand nombre qu'il se trouvera dans la commune d'hommes possédant une science et disposés à l'enseigner. En outre, la lecture en commun de bons ouvrages d'enseignement, les discussions dont ces lectures seront suivies, diminueront beaucoup l'importance qu'on attache aujourd'hui à la personnalité du professeur.

En même temps que l'enfant développera son corps et s'appropriera les sciences, il fera son apprentissage comme producteur. Dans le premier degré de l'enseignement, le besoin de réparer ou de modifier le matériel de ses jeux aura initié l'enfant au maniement des principaux outils. Pendant la seconde époque, il visitera les divers ateliers, et bientôt, entraîné par son goût vers l'une ou l'autre branche, il se choisira une ou plusieurs spécialités. Les I maîtres d'apprentissage seront les producteurs eux-mêmes ; dans chaque atelier, il y aura des élèves, et une partie du temps de chaque travailleur sera consacrée à leur montrer à travailler. A cette éducation pratique seront jointes quelques leçons théoriques. De cette manière, à l'âge de seize ou dix-sept ans, le jeune homme aura parcouru tout le cercle des connaissances humaines, sera en état de poursuivre seul ses études ultérieures, s'il le désire ; il aura en outre appris un métier, et se trouvera dès lors au rang des producteurs utiles, de façon à pouvoir rembourser à la société, par son travail, la dette que son éducation lui aura fait contracter envers elle.

Il nous reste à dire un mot des relations de l'enfant avec sa famille.

Il y a des gens qui prétendent qu'une mesure d'organisation sociale qui met l'entretien de l'enfant à la charge de la société n'est autre chose que « la destruction de la famille ». C'est là une expression vide de sens ; tant que le concours de deux individus de sexe différent sera nécessaire pour la procréation d'un nouveau-né, tant qu'il y aura des pères et des mères, le lien naturel de parenté entre l'enfant et ceux à qui il doit la vie ne pourra pas être effacé des relations sociales.

Seulement le caractère de ce lien devra nécessairement se modifier. Dans l'Antiquité, le père était maître absolu de l'enfant, il avait sur lui droit de vie et de mort ; dans les temps modernes, l'autorité paternelle a été limitée par certaines restrictions ; quoi de plus naturel, par conséquent, que dans une société libre et égalitaire, ce qui reste encore aujourd'hui de cette autorité s'efface complètement, pour faire face aux relations de simple affection ?

Nous ne prétendons pas, sans doute, que l'enfant doive être traité en adulte, que tous ses caprices aient droit au respect et

IV. — La commune

que lorsqu'il y a opposition entre sa volonté enfantine et les règles établies par la science et le sens commun, il ne faille pas enseigner à l'enfant à céder. Au contraire, nous disons que l'enfant a besoin d'être dirigé : mais la direction de ses premières année ne doit pas être confiée exclusivement aux mains de parents souvent incapables, et qui généralement abusent du pouvoir qui leur est remis. Le but de l'éducation que reçoit l'enfant étant de le mettre aussi vite que possible en état de se diriger lui-même, par le large développement de toutes ses facultés, il est évident qu'aucune tendance étroitement autoritaire n'est compatible avec un pareil système d'éducation. Mais parce que les relations du père au fils seront, non plus celles d'un maître à un esclave mais celles d'un instituteur à un élève, d'un ami plus âgé à un ami plus jeune, pense-t-on que l'affection réciproque des parents et des enfants aura à en souffrir ? N'est-ce pas au contraire alors qu'on verra cesser ces inimités, ces discordes dont la famille offre aujourd'hui tant d'exemples, et qui presque toujours ont pour cause la tyrannie exercée par le père sur ses enfants ?

Que personne ne vienne donc plus dire que la société affranchie et régénérée détruira la famille. Elle apprendra au contraire au père, à la mère, à l'enfant, à s'aimer, à s'estimer, à respecter leurs droits mutuels ; et en même temps elle leur mettra au cœur, à côté et au-dessus des affections de famille qui n'embrassent qu'un cercle restreint et qui peuvent devenir mauvaises si elles restent exclusives, un amour plus haut et plus noble, celui de la grande famille humaine.

Un réseau fédératif

Quittant maintenant le terrain restreint de la commune ou de la fédération locale des groupes de producteurs, nous allons voir l'organisation sociale se compléter, d'une part par la constitution des fédérations régionales corporatives, embrassant tous les groupes de travailleurs qui appartiennent à une même branche de la production ; d'autre part, par la constitution d'une Fédération des communes.

(...) Nous avons déjà indiqué sommairement ce que c'est qu'une fédération corporative. Il existe, au sein même de la société

James Guillaume

actuelle, des organisations embrassant dans une même association tous les ouvriers d'un métier : telle est, par exemple, la fédération des ouvriers typographes. Mas ces organisations-là ne sont qu'une ébauche très imparfaite de ce que doit être, dans la société à venir, la fédération corporative. Celle-ci sera formée de tous les groupes producteurs appartenant à la même branche de travail ; ils s'unissent, non plus pour protéger leur salaire contre la rapacité des patrons, mais en première ligne pour se garantir mutuellement l'usage des instruments de travail qui sont en possession de chacun des groupes, et qui deviendront, par un contrat réciproque, la propriété collective de la fédération corporative tout entière ; en outre, la fédération des groupes entre eux permet à ceux-ci d'exercer un contrôle constant sur la production, et par conséquent de régler le plus ou moins d'intensité de celle-ci, dans la proportion des besoins qui sont manifestés par la société tout entière.

La constitution de la fédération corporative s'opérera d'une façon extrêmement simple. Dès le lendemain de la Révolution, les groupes producteurs appartenant à la même industrie sentiront le besoin de s'envoyer mutuellement des délégués, d'une ville à une autre pour se renseigner et s'entendre. De ces conférences partielles sortira la convocation d'un congrès fédéral de délégués de la corporation dans quelque point central. Ce congrès posera les bases du contrat fédératif, qui sera soumis ensuite à l'approbation de tous les groupes de la corporation. Un bureau permanent, élu par le congrès corporatif et responsable devant celui-ci, sera destiné à servir d'intermédiaire entre les groupes formant la fédération, de même qu'entre la fédération elle-même et les autres fédérations corporatives.

Une fois que toutes les branches de la production, y compris celles de la production agricole, se seront organisées de la sorte, un immense réseau fédératif, embrassant tous les producteurs et par conséquent aussi tous les consommateurs, couvrira le pays, et la statistique de la production et de la consommation, centralisée par les bureaux des diverses fédérations corporatives, permettra de déterminer d'une manière rationnelle le nombre des heures de la journée normale de travail, le prix de revient des produits et leur valeur d'échange, ainsi que la quantité en laquelle ces produits doivent être créés pour suffire aux besoins de la consommation.

IV. — La commune

Des gens habitués aux déclamations creuses de certains prétendus démocrates demanderont peut-être si les groupes de travailleurs ne devront pas être appelés à intervenir directement, par le vote de tous ceux qui composent la fédération corporative, dans la fixation de ces divers détails ; et quand nous aurons répondu négativement, ils s'écrieront sans doute que c'est là du despotisme ; ils protesteront contre ce qu'ils appelleront l'autorité des bureaux, investis du pouvoir de trancher seuls des questions si graves et de prendre des décisions de la plus haute importance. Nous répondrons que la besogne dont les bureaux permanents de chaque fédération seront chargés n'a rien de commun avec l'exercice d'une autorité quelconque : il s'agit en effet tout simplement de recueillir et de mettre en ordre les renseignements fournis par les groupes producteurs ; et une fois ces renseignements réunis et rendus publics, d'en tirer les conséquences qui en découlent nécessairement concernant les heures de travail, le prix de revient des produits, etc. C'est là un simple calcul d'arithmétique, qui ne peut pas se faire de deux manières différentes, et qui ne peut pas donner deux résultats : il n'en peut sortir qu'un résultat unique ; ce résultat, chacun pourra le contrôler pour son propre compte, parce que chacun aura les éléments de l'opération sous les yeux, et le bureau permanent est simplement chargé de le constater et de le porter à la connaissance de tous. Aujourd'hui déjà, l'administration des postes, par exemple, remplit un service assez semblable à celui qui sera confié aux bureaux des fédérations corporatives ; et personne ne s'avise de se plaindre d'un abus d'autorité parce que la poste détermine, sans consulter le suffrage universel, la classification et le groupement des lettres en paquets, pour les faire parvenir à destination de la manière la plus expéditive et la plus économique.

Ajoutons que les groupes producteurs formant une fédération interviendront dans les actes du bureau d'une manière bien autrement efficace et directe que par un simple vote : ce sont eux, en effet, qui fourniront les renseignements, toutes les données statistiques que le bureau ne fait que coordonner : en sorte que le bureau n'est que l'intermédiaire passif au moyen duquel les groupes communiquent entre eux et constatent publiquement les résultats de leur propre activité.

Le vote est un procédé propre à trancher des questions qui ne peuvent être résolues au moyen de données scientifiques, et qui doivent être laissées à l'appréciation arbitraire du nombre ; mais dans des questions susceptibles d'une solution scientifique et précise, il n'y a pas lieu à voter ; la vérité ne se vote pas, elle se constate et s'impose ensuite à tous par sa propre évidence.

Mais nous n'avons montré encore qu'une des moitiés de l'organisation extra-communale : à côté des fédérations corporatives doit se constituer la Fédération des communes.

Pas de socialisme dans un seul pays

La Révolution ne peut pas être restreinte à un seul pays : elle est obligée, sous peine de mort, d'entraîner dans son mouvement, sinon l'univers tout entier, du moins une partie considérable des pays civilisés. En effet, aucun pays ne peut, aujourd'hui, se suffire à lui-même ; les relations internationales sont une nécessité de la production et de la consommation, et elles ne sauraient être interrompues. Si, autour d'un pays révolutionné, les États voisins parvenaient à établir un blocus hermétique, la Révolution restant isolée serait condamnée à s'éteindre. Ainsi, comme nous raisonnons dans l'hypothèse du triomphe de la Révolution dans un pays donné, nous devons supposer que la plupart des autres pays de l'Europe auront fait leur Révolution en même temps.

Il n'est pas indispensable que, dans tous les pays où le prolétariat aura renversé la domination de la bourgeoisie, la nouvelle organisation sociale installée par la Révolution soit la même dans tous ses détails. Étant données les divergences d'opinion qui se sont manifestées jusqu'à ce jour entre les socialistes des pays germaniques (Allemagne, Angleterre), et ceux des pays latins et slaves (Italie, Espagne, France, Russie), il est probable que l'organisation sociale adoptée par les révolutionnaires allemands, par exemple, différera sur plus d'un point de celle que se seront donnée les révolutionnaires italiens ou français. Mais ces différences n'ont pas d'importance pour les relations internationales : les principes fondamentaux étant les mêmes de part et d'autre, des rapports d'amitié et de solidarité ne peuvent manquer de s'établir entre les peuples émancipés des divers pays.

Il va sans dire que les frontières artificielles créées par les

IV. — La commune

gouvernements actuels tomberont devant la Révolution. Les communes se grouperont librement entre elles suivant leurs intérêts économiques, leurs affinités de langue, leur situation géographique. Et dans certains pays, comme l'Italie ou l'Espagne, trop vastes pour ne former qu'une seule agglomération de communes, et que la nature elle-même a divisés en plusieurs régions distinctes, il se constituera sans doute, non pas une Fédération unique, mais plusieurs Fédérations de communes. Ce ne sera pas là une rupture de l'unité, un retour à l'ancien morcellement en petits États politiques isolés et ennemis ; ces diverses Fédérations de communes, bien que distinctes les unes des autres, ne seront pas isolées : leurs intérêts seront solidaires, elles concluront entre elles un pacte d'union et cette union volontaire, fondée sur une utilité réelle, sur une communauté de buts et de besoins, sur un échange constant de bons offices, sera bien autrement étroite et solide que l'unité factice de la centralisation politique, établie par la violence et n'ayant d'autre raison d'être que l'exploitation du pays au profit d'une classe privilégiée.

Le pacte d'union ne s'établira pas seulement entre les Fédérations de communes appartenant à un même pays ; les anciennes frontières politiques étant effacées, toutes les Fédérations de communes, de proche en proche, entreront dans cette fraternelle alliance, et ainsi se trouvera réalisé, après que les principes de la Révolution auront triomphé dans l'Europe entière, ce grand rêve de la fraternité des peuples qui ne peut s'accomplir que par la Révolution sociale.

ISBN : 978-1541334144

James Guillaume

www.ingramcontent.com/pod-product-compliance
Lightning Source LLC
Chambersburg PA
CBHW070134290526
45789CB00005B/2241